LA SAGESSE ET L'ESPOIR

Bob Marley
LA SAGESSE ET L'ESPOIR

Préface de Cedella Marley

Traduit de l'anglais *(Jamaïque)*
par Pascal Loubet

Michel LAFON

Titre original
56 Hope Road, Plain and Simple Wisdom.

Publié en accord avec Harmony Book,
une filliale de Crown Publishing.

Maquette : Gilles Legleye

7-13, boulevard Paul-Émile-Victor – Ile de la Jatte
92521Neuilly-sur-Seine Cedex
www.michel-lafon.com

Préface

Mon père a dit beaucoup de choses à toutes sortes de gens. Généralement, quand il accordait un entretien, il parlait en son nom et s'adressait au monde, et il n'avait pas besoin qu'on l'interroge pour se lancer.

Mais il était toujours là, au 56, Hope Road, tantôt assis, tantôt à jouer au ballon, tantôt à s'occuper de ses abeilles et de son miel.

Derrière Island House, comme nous appelions la maison à l'époque, il y avait une balançoire où mon père avait l'habitude d'aller se percher pour donner ses interviews à l'ombre des arbres. On pouvait tout aussi bien le trouver allongé sur le capot de sa voiture, étalé et souriant, en train de bavarder ou de répondre aux questions que lui posaient les uns et les autres.

Les réponses de mon père étaient franches et venaient toujours du cœur, quels que soient le moment et le lieu. Il était tel qu'on le voyait. Tel qu'en lui-même. Ce n'était pas le genre à s'habiller pour une interview ou à faire un numéro. C'était l'homme qui avait été naguère un gamin de la petite ville de Nine Miles, le petit-fils d'un fermier des collines de St Ann, qui aimait la vie comme l'oiseau aime le ciel et le poisson la mer. Mon père était un monde à lui tout seul. Et il disait : « J'habite le monde, mais je ne suis pas de ce monde. »

Mon père ne travaillait pas pour l'argent ou la célébrité, mais pour la musique. « L'argent, expliquait-il, c'est de la graisse qui encombre le cœur des gens. » Il disait aussi : « Je n'ai pas envie d'être une superstar. Je veux juste faire ce que Dieu me dicte. Si jamais je dois faire quelque chose, je le fais. »

Cette disposition à agir selon son cœur surprenait beaucoup de gens, surtout dans les années soixante-dix, où la mode était aux superstars et où certains artistes n'étaient acclamés que parce qu'ils étaient célèbres. Mon père ne se considérait pas comme une star. Pourquoi ? Eh bien, comme il le disait lui-même : « Tu me vois ? La première chose que tu dois savoir sur moi, c'est que je suis toujours comme je suis. Et la deuxième, qui te concerne quand tu m'écoutes, c'est que les mots sont des pièges. »

Loin d'être des pièges, les mots que mon père utilisait étaient simples et banals. Ils provenaient des Proverbes de la Bible ou des expressions populaires de la Jamaïque.

Il a déclaré un jour : « La Jamaïque est une université pour le monde entier ; un endroit où la vérité sera peut-être révélée. » Elle l'a été pour lui, et sa sagesse nous en est transmise non seulement à travers ses chansons, mais à travers ses déclarations. Il a également exprimé cela en chantant : « Il n'y a pas de jolie manière de le chanter. On pourrait aussi bien le dire. »

Quand il parlait, c'était comme s'il chantait. Souvent, on aurait cru qu'il récitait les vers d'un poème. La sagesse qu'il possédait ne lui avait pas été enseignée. Elle lui venait de la terre, et c'est pour cela qu'il se considérait d'abord comme un paysan avant d'être un chanteur.

Plus que tout, mon père était un partisan de la pensée positive.

Ce n'était pas en réaction à un état de fait, cela venait de sa personnalité profonde : il était quelqu'un de positif.

Il était également réaliste.

« Babylone tombera, disait-il. C'est vrai, autant de vice, ça ne peut que s'arrêter. Mais quand ? »

Il n'a jamais donné la réponse à cette question, hormis ceci : « Il faudra peut-être bien des années et beaucoup de sang versé. Mais la vertu ne peut que triompher un jour. »

Il voyait l'avenir comme un commencement.

Voici donc ses paroles, telles qu'il les a prononcées en ce jour neuf qu'est toujours aujourd'hui.

Cedella Marley

Note de l'éditeur

Ce livre a vu le jour après une série de visites, au début des années quatre-vingt, quand, professeur de lettres, j'emmenais mes étudiants au musée Bob Marley du 56, Hope Road, à Kingston. Nous montions à l'étage, dans la grande pièce dont les immenses fenêtres donnaient sur la rue et où les murs étaient couverts des paroles de Bob Marley.

Pendant des années, nous avons étudié ces messages sincères prononcés par le poète visionnaire, le sage, et la première superstar du tiers-monde. Celui qui en avait tapissé les murs de cette grande salle était Neville Garrick, un proche de Bob Marley, artiste rasta qui avait compris combien il était important de consacrer une pièce entière aux paroles de Bob et d'en décorer les murs.

Ces textes étaient principalement issus d'interviews accordées à la presse. Collés directement sur les murs et vernis, ces articles dataient du début des années soixante-dix et, pour certains, des années soixante. La typographie avait pour ainsi dire acquis une vie propre. Mais sur les milliers de visiteurs de ces lieux de légende, rares étaient ceux qui lisaient vraiment les articles, les coupures de journaux, aux caractères pâlissant sur le papier jauni par le soleil tropical de Kingston qui filtrait à travers les stores. Les paroles du poète étaient devenues davantage un motif ornemental qu'un motif de réflexion, une façon d'étudier les paroles sages et les visions prophétiques d'un maître. Les touristes se bousculaient dans le musée, et pourtant Bob – toujours aussi vivant, puisqu'il leur parlait depuis ces murs – n'était lu par aucun des curieux qui passaient d'une pièce à l'autre de la maison. Ils regardaient, mais ils n'écoutaient pas.

Les années ont passé, et, un jour, ma fille Mariah et moi avons demandé à Cedella si nous pourrions venir au musée transcrire les textes, traduire du créole et en faire un livre. Cedella s'est immédiatement enthousiasmée pour cette idée, je suis donc parti pour Kingston afin de me mettre au travail. Les visites des touristes s'effectuaient comme à l'accoutumée tandis que nous allions et venions discrètement et que, perchés sur un escabeau, nous transcrivions puis traduisions et enregistrions. Mariah a pris des clichés de tous les journaux et articles pendant que j'enregistrais ces murs parlants du 56, Hope Road, et c'est ainsi qu'est né ce livre. Sept ans plus tard, nous pouvons donc présenter un recueil des aphorismes, dictons, poésies et déclarations de Bob Marley. Certes, c'est un petit livre. Mais on y retrouve une grande partie de la philosophie rastafarie.

Bob, tel qu'il était, qu'il est et sera éternellement, vous parle.

Gerald Hausman

J'ai toujours été habitué à mener une existence difficile. Mon père, je l'ai même pas connu. Ma mère faisait des ménages pour trente shillings la semaine. On avait du mal à s'en sortir. La Jamaïque est une université pour le monde entier ; un endroit où la vérité sera peut-être révélée. Mais l'argent, en Jamaïque, c'est de la graisse qui encombre le cœur des gens. Je travaille pas pour l'argent. J'ai pas envie d'être une superstar. Je veux juste faire ce que Dieu me dicte. Si jamais je dois faire quelque chose, je le fais. Ce que je préfère, c'est chanter simplement. Plutôt que d'essayer de chanter. Quand on chante quelque chose qui est vrai, on le chante pas. On le voit vraiment et on le ressent. Il n'y a pas de jolie manière de le chanter. On pourrait aussi bien le dire.

QUAND ON CHANTE QUELQUE CHOSE
QUI EST VRAI,
ON LE CHANTE PAS.

Inspiration come from
Vision

L'institutrice disait : « Celui qui sait parler, qu'il parle. Celui qui sait fabriquer quelque chose, qu'il le fabrique. Et celui qui sait chanter, qu'il chante ! ». Alors moi je chante. Il y en a qui jouent de la musique pour le plaisir. Je suis pas le genre d'artiste qui joue pour le plaisir. Je me mets pas en quatre pour jouer la chanson de quelqu'un d'autre. Vous voyez, je crois pas aux tendances ou à la mode. À ce que les gens appellent la soul music. Pour moi, la soul music, c'est une musique qui parle de la vérité. Dans la chanson, il doit y avoir une histoire humaine qui a un rapport avec une situation de la vraie vie.

POUR MOI, LA SOUL MUSIC,
C'EST UNE MUSIQUE QUI PARLE DE LA VÉRITÉ.

Chaque fois que je joue, j'ai une nouvelle inspiration. Comme ça, si quelqu'un essaie de nous rattraper, on peut aller ailleurs et changer. Parce que c'est ce qui se passe depuis des années. Chaque fois qu'on crée de la musique, on nous rattrape. Alors on change. Comme pour le ska, le rock steady, le reggae. S'il y en a trop qui en font et qui appellent ça du reggae, on retourne à la *nyahbinghi*, la musique originelle. Ça signifie « mort aux oppresseurs noirs et blancs ». Mais ce genre de musique, ça vient du cœur. Chaque fois que des percussions résonnent, tu l'entends. Parfois c'est doux, parfois ça fait peur. Tu finis par reconnaître. Comme la première fois que j'ai entendu des percussions rasta. Je me suis dit que ça allait me faire quelque chose de terrible. Parce que c'est quelque chose qu'on comprend pas. Et pourtant, c'est tellement proche de moi, et puis on commence à comprendre la musique et tout redevient naturel.

Rastafari signifie chef créateur : Dieu. Mais chacun a une conception différente de Dieu. Il a dit : « Tous s'agenouilleront et chacun se confessera, et nul ne sera exempt. » Ça signifie que, quelles que soient ta couleur ou ta race, tu devras te confesser devant Sa Majesté impériale, ou Dieu, ou Allah. Dieu merci, le pire est passé ! Vous savez, les chansons viennent grâce à l'inspiration. Ensuite, on les couche sur le papier. Mais c'est quelqu'un qui me les dicte. L'inspiration vient de Jah. C'est Jah qui te dit que le pire est passé. Ce n'est pas moi qui te le dis.

DIEU QUI ME FAIT, MES FRÈRES ET MOI, LUI QUI CRÉE LES GENS EN TECHNICOLOR.

Le Rasta est toute chose. Justice, amour, paix pour l'humanité entière. Le Dieu qui me fait, mes frères et moi, Lui qui crée les gens en Technicolor et Lui qui crée la Terre et toutes les ressources. Oui, la pression est là-dessus. Et toutes ces choses. Mais où est la vérité ? Comment peut-on être vrai ? La seule vérité est Rastafari et les commandements prononcés par Dieu. Le jugement te rattrape. Parce que le truc principal qui se passe, c'est le jugement. Un homme vraiment innocent, je crois qu'il peut rien lui arriver. Dieu a fait une prophétie : ceux qu'Il aime sont ceux qui L'aiment.

Je veux pas écrire si j'ai pas de vision. Dieu peut la donner et la reprendre. Il peut te prendre avec aussi. Je suis devenu rasta. Quand j'étais pas rasta, je me contentais de vivre. Tout le monde cherche quelque chose. Peut-être que grandir, c'est choisir une direction et Le trouver. Mais tout le monde cherche. Quand moi j'ai trouvé, c'était le Rasta. Puis j'ai remarqué que j'étais rasta depuis longtemps. Ma manière de vivre, c'est ce que je cherchais depuis longtemps. Pas au sens de la façon de manger ou de s'habiller, mais au sens de l'existence naturelle, spirituelle, et d'unité. J'ai jamais aimé la religion parce que tout le monde se querelle tout le temps. Alors je dois trouver une autre voie. Si je n'y arrive pas, c'est que Dieu n'y est pas. Et quand j'ai trouvé le Rastafari, j'ai dit oui !

Earth a come,
earth a forward
to creation

Dieu fait tout comme Il veut le faire. Et il y a plein de choses qu'on arrive pas à comprendre. Les cycles du temps. Tu sais, le temps change. Parce que Jah est le plus grand joueur d'échecs du monde. Quand certaines personnes pensent avec des préjugés, ils retirent Dieu du monde. Il n'y a pas de préjugés. Il y a le Bien et le Mal. Ce qu'il faut faire, c'est être positif. Si je te hais, c'est que quelque chose va pas chez moi. Sinon, tu peux pas aller à Sion, et moi non plus. Il faut que je t'aime. Malgré tout, peut-être que j'agis pas comme toi tu agirais. Mais je dois empêcher la haine d'entrer en moi. Parce qu'on peut pas accéder à Sion avec la haine.

Je ne déchaîne pas sur toi le sang, le feu et la foudre, mais il faut que tu saches que tout ça existe en moi aussi… Imagine seulement si tous les gens sur Terre prenaient une seule journée pour unir leurs esprits, sans se demander quelle est la force, du moment qu'elle est positive, et méditaient, ne serait-ce qu'une heure, ce jour-là. Et ils vivraient comme ça, en méditant. Là, je veux dire, le climat s'améliorerait, il n'y aurait plus de *smog*.

IL FAUT QUE JE M'OCCUPE DE CETTE MUSIQUE
QUE DIEU M'A DONNÉE
ET DU COUP
CETTE MUSIQUE PEUT ME PORTER.

Au bout d'un moment, je me mets à me dire : bon, il y a du travail qui attend. Il faut que je m'occupe de cette musique que Dieu m'a donnée, et du coup cette musique peut me porter. Alors, c'est vrai, OK, la Terre peut trembler. Mais si Dieu m'a envoyé, Il ne m'infligera jamais de tremblement de Terre. C'est pour ça que le destin, ce n'est pas quelque chose qui me tracasse.

Chaque jour, chaque minute, chaque heure, les Rastas prient, tu vois. Prier, c'est comme discuter, et quand on parle chaque mot qu'on prononce doit être acceptable aux yeux de Dieu.

Que les paroles que je prononce et les méditations qui habitent mon cœur soient acceptables.

Du coup, c'est pas comme si on menait sa vie d'un côté et qu'on priait de l'autre. On fait en sorte de prier continuellement, et que Dieu soit d'accord avec chaque mot qu'on prononce. C'est ça, les prières. Et il y a une autre prière pour laquelle on va dans un endroit calme. Et une autre où le cœur tout entier se met à prier par ta bouche. Quand tu vis en Rasta, tout doit être dirigé vers la paix et l'amour. L'unité et l'utilité : une vertu.

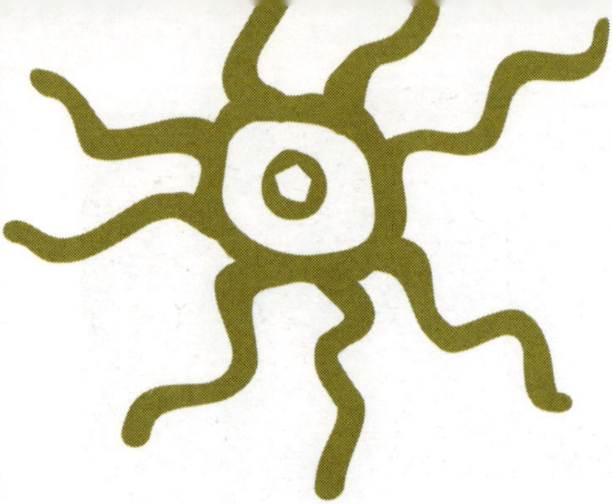

On fait briller la lune et les étoiles, et le climat s'améliore parce que les gens sont la cause de tout. Le peuple de Dieu, l'humanité, le fait. Et alors on a quantité de blé et de maïs. Et l'humanité est cool sur la Terre. J'adore cultiver la terre. Plus tard, je veux habiter dans une ferme. Je n'ai pas vraiment envie de vivre dans un appartement, de sortir tous les soirs et de recommencer le lendemain.

Quand on est à la campagne, le mieux, c'est la nuit, quand il pleut, tu vois. Tu entends seulement la pluie qui joue sa musique sur les feuilles – rtt, rtt. Ouais, cette vie-là est bien. On sent qu'il va pleuvoir, parce que, avant, les oiseaux sont énervés et lissent leur plumage.

My heart
can be hard
as stone
and soft
as water

LES MOTS SONT DES PIÈGES.

Tu me vois ? La première chose que tu dois savoir sur moi, c'est que je représente toujours ce que je suis. Et la deuxième, qui te concerne quand tu m'écoutes, c'est que les mots sont des pièges. Alors si tu sais ce que je représente, quand je t'explique quelque chose, tu ne dois jamais considérer cela différemment de ce que je représente.

Waiting In Vain… Belle chanson, mec. Ça remonte à loin. C'est pour les gens qui n'ont jamais compris les Wailers parce qu'ils ne pouvaient pas s'identifier à eux. Alors, maintenant, ce que je fais avec une chanson comme *Waiting in Vain,* peut-être que ça va leur plaire, et je me demande ce qui va se passer.

WAITING IN VAIN…

BELLE CHANSON, MEC.

Je me ressource vraiment grâce à l'Éthiopie. Parce que la chanson *Zimbabwe* vient directement de là-bas. Je l'ai écrite dans un endroit qui s'appelle Shashamane. Alors on peut dire que c'est du ressourcement. Et quand cette chanson est sortie, elle m'est venue comme ça. Alors tu peux t'imaginer, si c'était l'Éthiopie qui écrivait toutes tes chansons, pratiquement toutes celles que tu écrirais te viendraient comme ça. Et puis peut-être que quelqu'un dirait : « Oh, c'est un prophète ! ».

On dit que le retour du Messie est pour bientôt. Que le moment où tout sera révélé est imminent. Rastafari a dit qu'il reviendrait dans deux mille ans. Et ça fait mille neuf cent soixante-dix-sept ans. Si Rastafari le veut, je serai encore en vie.

Mon avenir est dans un endroit vert sur la Terre. Assez grand pour que je puisse y courir librement. Je crois pas que la Jamaïque soit le bon endroit. Il faut que ce soit nouveau. L'Éthiopie. L'aventure. Tu pourrais commencer à vivre. J'ai souffert de tout ça pendant notre vie... j'ai besoin d'aventure. L'Afrique est assez grande. La Jamaïque est une petite île, tu sais. Quand je sentirai que j'ai fini le travail pour lequel j'ai été envoyé, je ferai mes valises. Quand je serai satisfait et que Jah me dira que j'ai terminé ma mission – ce sera peut-être à la fin de ma visite américaine ou anglaise –, je le saurai. Quand le plus de gens possible auront entendu ce qu'on a à dire.

Les vampires – la plupart des gens sont négatifs, mais les Rastas pensent positif. La plupart des gens de Babylone veulent le pouvoir. Le diable veut le pouvoir. Dieu ne veut pas le pouvoir. Mais le diable a besoin de pouvoir, parce qu'il n'est pas sûr de lui.

LA PLUPART DES GENS SONT NÉGATIFS,

MAIS LES RASTAS PENSENT POSITIF.

On est ce qu'on est. On ouvre la voie et la prophétie la prend. En ce moment, on arrive à notre héritage de culture, notre ancienne culture sur la Terre. Et puisque c'était au commencement, ce sera pareil à la fin. La seule chose qui peut te permettre de survivre, c'est de connaître la vérité, et la vérité, c'est que Dieu a dit qu'Il avait donné à l'homme la vie éternelle, ce qui veut dire une vie qui sera sans fin.

Je sais que ma vie ici – dans cette chair –, je dois la vivre. Je n'ai jamais dit que j'avais pas peur de la mort, mais j'affronte pas la mort. J'ai pas le temps de faire courir trop de risques à mon corps parce que c'est celui dans lequel je dois vivre. L'esprit est plus fort que la chair, ce qui veut dire que la chair est légère à porter pour l'esprit. Ça signifie qu'il y a une manière de vivre – une manière de le faire, mec. C'est là qu'intervient Rastafari. Parce que tous les autres disent que quand on meurt on va au paradis. Non, ça me plaît pas. Parce que si je vais au paradis quand je serai mort, j'étais où, avant ? Si le paradis était l'endroit fait pour moi, si c'était là que j'étais avant de naître, j'aurais dû y rester.

Tell the children the truth

J'AI FAIT UN RÊVE OÙ J'ENTENDAIS DES TAS DE COUPS DE FEU ET PUIS C'EST ARRIVÉ.

Parfois, Jah te montre les choses avant qu'elles arrivent. C'est ce qui s'est passé avant les tirs. J'ai fait un rêve où j'entendais des tas de coups de feu. Et puis c'est arrivé. Une vision, ouais. C'est un coup de chance. Je suis resté là. Ce que j'ai éprouvé sur le moment ? Je ne peux pas te le dire. Je n'étais même pas là. Il y a eu une bagarre. Et puis je ne sais pas ce qui s'est passé ensuite. Mais je vais te dire, quand c'est arrivé, ç'a été vraiment une expérience mystique. Jah m'a beaucoup protégé et guidé. Les tireurs ? Arrêtés ? C'est ce qu'on a dit. Je sais qu'ils pouvaient pas abattre le Premier ministre et disparaître comme ça ensuite. Mais ça fait rien. Je veux pas qu'on les trouve.

Ma mère était une chanteuse de gospel. Je crois que c'est là que j'ai entendu chanter pour la première fois. J'ai commencé par chanter. Ensuite j'ai écrit. Joué d'un instrument. J'ai appris la guitare tout seul. J'ai pas de religion. C'est juste un truc naturel qu'on est censé éprouver.

Avec le reggae, tu as une musique trois en un : un rythme gai avec un son triste. Une bonne vibration. Un rythme terrien. Les racines. J'aime toutes les musiques, tu vois. Mais le rock, il a besoin de néons. De beaucoup de lumière. Tu vois, avec du bon reggae, tu peux être n'importe où. Dans les collines. J'essaie juste d'être naturel en m'appuyant sur l'inspiration. J'ai encore des années de musique en moi. Des tas de gens croient que le reggae va bientôt finir. Mais cette musique, comme c'est la musique rasta, elle est inépuisable.

Il y a trop de gens qui ont trop de trucs à dire et qui ne savent rien.

Je m'éloigne pas de mes racines, et mes racines, c'est Dieu. Je comprends qu'un homme puisse être mort, que sa chair soit morte mais que son esprit vive encore. Je respecte ma chair et je connais mon esprit, et je sais ce que c'est. Je ne crois pas à la mort de la chair ou de l'esprit. La préservation est un don de Dieu. Le don de Dieu, c'est la vie. Le salaire du péché, c'est la mort. Quand un homme commet le mal, il est mort.

La mort n'existe pas pour moi. Je connais vraiment Dieu. Il me donne cette vie. Et pourquoi Il la reprendrait ? Seul le diable dit que tout le monde doit mourir. La seule chose qui peut te permettre de survivre, c'est de connaître la vérité. Et la vérité est que Dieu a dit qu'Il donnait à l'homme la vie éternelle. Je dis que ma vie ici – dans cette chair – , je dois la vivre.

Je fonctionne uniquement avec un moi. Au lieu de toi, c'est moi. Si tu passes dans la rue et que tu croises un mec qui souffre, tu le sens tout de suite, tu comprends ce que je veux dire ? C'est pour ça que j'aime pas voir ça. Je le ressens. Parfois plus que lui, que celui qui souffre. Personnellement, je suis un homme qui n'est rien sans l'inspiration de Jah. Il me donne rien que je puisse pas contrôler. Je le reçois au bon moment et j'apprends. Le père parfait pour moi.

La musique peut t'emporter partout. Alors elle peut aussi t'emporter jusqu'au paradis, jusqu'à Sion. Au lieu de t'emporter n'importe où, ou dans des endroits que tu connais pas. On a besoin de vibrations positives. On peut pas être ignorant. On peut pas avoir de préjugés parce qu'on laisse à Jah le droit de juger. On veut éviter entièrement les trucs négatifs. C'est ce que dit ta bouche qui te garde en vie. C'est aussi ce qu'elle dit qui te tue. Et ce qu'il y a de plus génial, c'est la vie. C'est un truc que Jah te fait subir en ce moment. Arrache tous les démons. Terrasse les démons avec ce qu'on appelle l'amour.

LA MUSIQUE
PEUT T'EMPORTER PARTOUT.

Music
can
carry
you
anywhere

Si tu as raison, tu as raison. Si tu as tort, tu as tort. Si tu le savais pas, tu serais jamais entier. Tu saurais pas distinguer le Bien du Mal. Mais il ne suffit pas de connaître le Bien. Il vaut mieux connaître les deux, le Bien et le Mal. Comme ça, tu peux savoir ce qui est quoi. Tu ne peux pas te balader en faisant semblant. Parfois, il faut être militant. Charger, tirer et défendre ses droits en tant que peuple : au milieu de la paix et de l'amour. Ou dans un système qui est mauvais, même si tu es condamné à faire de la prison, tu dois te ressaisir très vite. Tu piges ? C'est comme ça.

C'EST PAS PARCE QUE TU AS DES DREADLOCKS QUE TU ES UN RASTA.

Si tu veux porter des dreadlocks, tu en vois de toutes les couleurs. On ne veut pas te donner de travail. Mais tu connais la différence entre être libre et être en prison. Bon, il y a pas mal de faux Rastas… c'est pas parce que tu as des dreadlocks que tu es un Rasta. Il y en a beaucoup qui en portent et qui ont le cœur mauvais, qui sont des loups déguisés en agneaux. Mais un Rasta peut être de n'importe quel pays. Même de n'importe quelle race. Du moment que son cœur est pur.

Je crois qu'on est des enfants qui ont vu Dieu. Le reggae parle de la réalité naturelle. C'est de là que vient notre force. Les Rastas croient en la Terre, pas aux mortels terrestres.

Ce sont les derniers jours. Tout va bien se passer. Ouais, ouais, mec. Tout va bien se passer. Je veux dire, des tas de trucs peuvent arriver, des gens partir et jamais revenir. C'est quand tu avances que tu vois ce que tu vois. Parce que Dieu n'est pas partial. Il te donne la vie, la liberté. Tu peux Le haïr si tu veux. Tu peux L'aimer si tu veux. Tu peux Le respecter si tu veux. Tu peux Le connaître si tu veux. Tu peux faire n'importe quoi. Tu vois, Dieu est très généreux. Il te donne à toi-même et puis Il te donne l'univers. Tout va bien se passer.

Tu vas à l'église, tu reviens, tu vas travailler. Moi, c'est pas mon truc. La religion, ça peut causer des problèmes et des souffrances. Jah, mes frères et moi… pas moi et toi, et eux. Jah, mes frères et moi, on ne fait qu'un. On doit s'occuper de l'Unique. Ça veut dire que si la guerre n'est pas pour l'homme noir, il doit enseigner ce qui est mieux à l'homme blanc.

La vérité fait mal, tu sais. Quand tu tues un mec, le mec est juste mort. Mais quand tu lui dis la vérité, elle lui fait mal pendant dix années entières. Regarde les gosses qui naissent aujourd'hui. Ils sont sages. Je le sais, étant rasta : mes enfants sont bons. Je leur montre le monde extérieur et la liberté qu'ils y ont. Je suis rasta. Et rasta, c'est rasta. Je suis libre et je m'éduque tout seul… ça me prend du temps. Même avant que je sois là, il y a eu une histoire noire.

A Rastaman
can be
any
nation

Je m'adresse pas vraiment aux grandes personnes, tu vois. Je viens m'adresser aux enfants qui n'ont jamais entendu ça. Je veux dire, je dois jouer pour que, quand le grand frère achète la musique et la rapporte chez lui, les petits enfants puissent la comprendre.

Je ne vais rien faire que les enfants ne puissent pas comprendre, parce que les enfants sont ce qui compte le plus en ce moment. Alors la seule chose que tu puisses faire, c'est les éduquer. Tu expliques au Noir, au Blanc, au Chinois, à tous. Et vous, sur la Terre, vous devenez une conscience unique.

Genre, disons que certains croient qu'ils sont pas faits pour la vie qu'ils mènent... eh bien, ça marche pas comme ça. Il suffit de regarder le Black Power et tous ces mouvements, ça ne marche pas. Il faut monter d'un cran. Ceux qui te combattent, il faut comprendre pourquoi ils te combattent. C'est pour ça que parfois, quand je joue devant des gens, il y a des Blancs. Il faut que j'arrête de les appeler « des gens », parce que c'est les mettre entre parenthèses. Ils sont mes frères. Et Jah, mes frères et moi : un seul homme fort.

I SHOT THE SHERIFF, C'EST UNE SORTE DE DÉCLARATION DIPLOMATIQUE.

Ce message, *I Shot The Sheriff*, c'est une sorte de déclaration diplomatique. Il faut lire entre les lignes. J'ai tué le shérif, ça veut dire : j'ai tué le Mal. Ce n'est pas vraiment un shérif, c'est juste un symbole du Mal, tu vois. De la manière dont le Mal peut se produire… Des gens t'ont jugé, et tu le supportes plus, alors tu exploses. Tu exploses, c'est tout. Et ça véhicule vraiment un message, tu vois.

Clapton m'a posé la question parce que, ayant fini la chanson, il n'en comprenait pas la signification… Il aime ce genre de musique et la mélodie et il joue *I Shot The Sheriff*. Je ne sais pas si c'est parce que Elton John a dit : « Me tire pas dessus, je suis seulement le pianiste », Bob Dylan a dit : « Reprends mon badge, maman, je ne veux plus leur tirer dessus », et ce mec-là a dit : « J'ai tué le shérif. » Cette chanson n'a jamais convenu à personne d'autre qu'à Eric Clapton.

Chaque chanson qu'on joue se réalise.

Chaque chanson qu'on joue se réalise, tu sais. Les chansons arrivent dans la vraie vie. Certaines le font trop tôt. Certaines arrivent immédiatement. Mais elles se réalisent toutes. *Burning and Looting,* incendie et pillage, c'est arrivé. Tellement de fois, c'est dommage. Le couvre-feu, oui, mec, tout est arrivé. Pareil avec *Guiltiness,* la culpabilité. Ce sont toujours les gros poissons qui essaient de manger les petits : ils sont prêts à tout pour réaliser tous leurs souhaits. Il y a toujours de gros poissons parce qu'ils les fabriquent. C'est tout. Je n'ai plus besoin de chanter de chanson. Juste un seul vers : « La culpabilité pèse sur leur conscience », *Guiltiness rest on their conscience.*

La Jamaïque est un endroit où on apprend à remettre au lendemain. Rien n'est assez important. En Amérique, on veut avoir tout, tout de suite ! Les gens qui viennent d'Amérique et débarquent en Jamaïque, on leur explique de ne pas courir autant. Une fille m'a dit : « Bon sang, il n'y a qu'un seul téléphone qui marche en Jamaïque. J'habite une maison où il y a vingt téléphones, et un seul téléphone marche en Jamaïque. »

Des tas de gens me disent : « Eh, idiot ! Ton dieu est mort. » Ce que c'est absurde ! Comment un dieu peut mourir, mec ? Ces journaux, ils comprennent pas. Ou alors ils veulent réduire mes idées en poussière. C'est drôle, alors c'est pour ça que j'ai écrit *Jah Live*. Une autre chanson du nouvel album *Survival* est *Crazy Baldheads*. Tu vois, on va chasser ces dingues au crâne rasé de la ville. La chanson parle du système et de ce qui se passe ici. Par exemple, on construit notre cabane, on plante le maïs. On construit un grand immeuble à Kingston. Notre peuple se donne du mal pour ce pays. OK ? Alors, aujourd'hui, ils nous regardent de haut, mais ils mangent tout notre maïs. On a construit le pays, mais on a des mecs qui regardent les Rastas de haut et qui disent : « Oh, un Rasta, c'est pas bien. » Descends sur le port et à New Kingston, et tu verras.

On apprend pas aux gens à être en paix. L'éducation a tout faux. Tout le monde veut la plus grosse voiture, le plus gros frigo. C'est dingue, mec.

En fait, je parle du système. Si Castro aide la Jamaïque, la Jamaïque devient socialiste. Si l'Amérique aide la Jamaïque, la Jamaïque devient capitaliste. Imagine que la Jamaïque devienne rasta, ça n'intéresserait personne.

Tous ceux qui disent que l'Éthiopie meurt de faim, ils pourraient aider à nourrir ces gens. Les grandes nations ne veulent rien donner si on prend pas le capitalisme ou le communisme qui vont avec. L'humanité agit comme ça avec l'humanité. Que ce soit en Afrique, en Russie, ou n'importe où. C'est juste l'humanité sur la Terre.

L'homme sera meilleur pour l'homme…

Quand j'étais jeune, j'étais toujours actif, jamais paresseux. J'ai appris un métier : soudeur. Alors, m'occuper de quelque chose, ça fait partie de ma vie. J'aime bien travailler et souder des pièces ensemble. Et ça m'ennuyait jamais parce que je le faisais quand je voulais. Quand j'en avais marre, je cherchais pas de travail. Je viens de la campagne, et la campagne, c'est toujours bien. On fait tout pousser. On n'est pas obligé de se déplacer et de se crever pour avoir un toit ou de l'argent. On peut manger, se laver, fabriquer ses vêtements et bâtir sa maison. Mais dans un pays étranger, on ne peut pas trouver de toit ni s'installer. Le mieux, c'est de s'organiser et de partir.

LA SEULE CHOSE QUI COMPTE VRAIMENT POUR UN HOMME, C'EST DE TROUVER SA VOIE.

Le jeu, c'est la survie, et ça va être de plus en plus dur à l'avenir. Le Rasta voit la lumière de la vérité et de la réalité, mais il y a beaucoup d'aveugles qui n'ont pas encore vu la lumière. Et ce sont ces gens-là que le système de Babylone a dupés… La pression économique, le boulot à heures fixes. Disons que tu passes tes journées dans un atelier de mécanique. Si jamais tu penses à autre chose, tu te coupes la main. C'est comme ça que Babylone contrôle ton esprit. Le système s'imprime en toi…

L'argent est peut-être ce qui compte le plus pour certains, mais pas pour moi. C'est vrai, l'argent te fait pas souffrir, l'argent t'empêche pas de souffrir.

L'argent, c'est de la folie. Je crois que la seule chose qui compte vraiment pour un homme, c'est de trouver sa voie et de vivre selon ses principes. S'il agit comme ça, tout ce qu'il fera sera bien.

Mes chansons contiennent un message de vertu, que tu sois blanc ou noir. Écoute, mec, tu sais que j'ai aucun préjugé sur moi-même. Bon, je ne penche pour aucun côté. Je ne penche pas du côté du Noir. Ni du côté du Blanc. Je penche du côté de Dieu, Celui qui m'a créé, qui a fait que je suis blanc ou noir, qui m'a donné ce talent.

Le préjugé est une chaîne qui peut t'emprisonner. Si tu as des préjugés, tu peux pas bouger. Tu iras jamais nulle part. J'aimerais que les choses changent sans douleur. Que la vertu règne éternellement. Que la vertu forme la terre comme l'eau forme la mer.

Quand je suis allé en Éthiopie, j'ai vu des peintures en rouge, jaune et vert. Elles devaient avoir dans les quarante-cinq ans, les couleurs avaient pâli. Et quand tu vas en Jamaïque, tu vois du rouge, jaune et vert pareil ; alors on va vivre, tu vois, on a notre vie.

Tout ce qui est rouge, jaune et vert, c'est comme un jugement. Et quand cette terre brandira partout le drapeau rouge, jaune et vert, tu sauras que le jugement est arrivé. À l'époque où j'étais un jeune Rasta, j'essayais juste de m'amuser. Quand je vois quelque chose en rouge, jaune et vert, je me dis que c'est sérieux, que c'est comme un message. Quand je regarde dans la rue, je vois que c'est le rouge, le jaune et le vert qui contrôlent la Terre. Partout où tu vas sur Terre, les feux de circulation sont rouge, jaune et vert. C'est scientifique et c'est psychologique. Tu vois les feux rouge, jaune et vert, toujours. C'est un truc de contrôle que tu transportes dans une boîte à souvenirs.

I wish righteousness
would reign
forever

Il faut qu'on s'unisse par la paix. Il faut qu'on s'unisse par la guerre... Il faut qu'on s'unisse, et quand on sera unis ils verront toute notre force. Mais tant que nous serons dispersés, des innocents souffriront. De la folie. Ils ne peuvent pas venir nous faire ça, à mes frères et à moi. Le jugement sera terrible : l'humanité qui s'entretue. Ce qu'ils font en ce moment, c'est strictement la dernière chose que le diable aurait tentée pour séparer les peuples.

MON SEUL VICE, CE SONT LES FEMMES.

Je ne parie pas, tu vois, Rasta. Les gens en Jamaïque disent que j'ai gagné une course de chevaux. Moi ? Je suis un saint. Mon seul vice, ce sont les femmes. À part ça, je suis un saint innocent de toutes les autres accusations. Un jour, Sa Majesté m'a donné une vision. Et Il m'a dit : Ne joue pas aux jeux de hasard et ne te mêle pas de courses de chevaux.

Dieu, Sa Majesté, est toujours là avec moi. Je suis né pour une mission, alors, quand je parle de Sa Majesté, Jah Rastafari, je suis la preuve vivante. Je défends Rastafari. Regarde comment on opprime les Rastas : pas de travail. Diviser pour mieux régner. Asservir les gens pour qu'ils s'inclinent devant Babylone. Mais ils ne me feront pas plier. Je conquerrai Babylone et toutes ses richesses.

Quelle magnifique matinée quand on a débarqué au Liberia et qu'on a contemplé une époque où l'homme noir ne pleurera plus ! Regarde cette immense lune se lever au-dessus de notre Terre, monter au sommet de la montagne, et dans ton propre pays personne ne te traque et tu n'enfreins aucune loi. Comme on l'a dit, qu'il en soit ainsi. Nous sommes les enfants du Rastaman.

Si je peux m'unir avec moi et me sentir aussi bien, tu imagines, si on s'unissait tous, à quel point ce serait bien. Jah est bon avec moi. Je me sens vertueux…

Des tas de gens lisent l'horoscope, mais tous ces signes ne sont que des dieux romains… Et quand tu sais que tu es l'un des douze fils de Jacob, tu sais que tu es un Africain. L'homme en lui-même est un univers entier.

We are
the children
of the Higher
man

Quand je regarde le monde, je vois que les gens ne connaissent pas leurs racines. L'humanité ne connaît pas ses racines. Quand je me regarde, je sais que lors de la dernière destruction un homme a été sauvé, et c'était Noé. Et, avec lui, ses trois fils : Ham, Shem et Japhet, et leurs épouses. Tous les gens du monde descendent d'eux.

Ce qui ne va pas, c'est que l'humanité a imaginé autre chose. Genre, c'est un dieu différent qui a fabriqué tel peuple et un autre dieu qui en a créé un autre. Mais c'est un seul dieu qui nous a tous créés. Je comprends quelque chose d'universel : tous les gens ont un seul père, qui est Noé. Noé est celui qui a été sauvé durant le Déluge. Alors tout le monde descend d'un seul père. C'est la seule manière de s'unir, en connaissant son père.

Ham est le Noir. Shem est l'Asiatique. Japhet est le Blanc. Mais ils n'ont jamais été un Blanc, un Jaune et un Noir. Ils étaient tous noirs. Ils sont seulement allés dans des climats différents. Noé a donné l'Europe à Japhet, et en Europe il fait froid. Il est parti, et sa peau est devenue de plus en plus claire. Si seulement les Blancs comprenaient que les racines sont les mêmes pour tous. C'est de Japhet qu'on a reçu le cadeau de la technologie. Le cadeau de la sagesse, nous l'avons reçu de Ham et de Shem. La division a eu lieu à ce moment-là : les Blancs ont eu l'Europe, les Noirs l'Afrique, et les Jaunes l'Asie. Mais si tu crois pas à Noé, dans le sens rastafari, tu es condamné…

... it is one God make all people

Sélassié a dit : « Tant que la philosophie qui tient une race pour supérieure et une autre pour inférieure n'aura pas été discréditée et abandonnée pour toujours, il n'y aura pas de paix. » Ce n'est pas quelqu'un d'autre qui est venu me dire ça.

Je vais à New York, je regarde partout. Ces endroits ont été construits bien avant New York – Jérusalem, tout ça. C'est le même architecte qui a construit Jérusalem qui est venu construire New York. Les mêmes personnes qui ont été amenées comme esclaves… Il faut que les gens sachent… Les médias ne leur disent rien. Les médias leur disent que dix-sept coups de feu ont été tirés au Moyen-Orient et qu'il y a la guerre. Ils ne veulent pas entendre parler de corruption et de tueries. Ils veulent qu'on leur parle de l'avenir. Mon fils de sept ans ne veut pas entendre parler de la guerre dans l'est de la Chine. Nous voulons qu'on nous parle de la pelouse verte sur laquelle on va aller jouer.

Dans mon rêve – le rêve de tout Rasta –, je m'envole pour l'Éthiopie et je quitte Babylone, où les politiciens ne nous laissent pas libres, mes frères et moi, de vivre vertueusement comme nous le voulons. C'est pour ça que je vais acheter de la terre et emmener ma famille. Parce que Babylone doit tomber. C'est vrai, autant de vice, ça ne peut que s'arrêter. Mais quand ? Moi et mes frères, on ne peut plus attendre. Notre Jah nous dit de retourner dans notre Éthiopie et de laisser Babylone périr à cause de ses vices. Je ne sais pas pourquoi, mais c'est ainsi. Il y faudra peut-être bien des années et beaucoup de sang versé. Mais la vertu ne peut que triompher un jour.

Partout où nous allons – quand nous jouons en dehors de la Jamaïque, dans le reste du monde –, je vois des frères avec des dreadlocks en nombre grandissant, comme les herbes dans un champ. Cela me réjouit le cœur de voir des dreadlocks essaimer partout. C'est l'avenir. C'est bien... C'est un commencement. D'abord ils se font pousser des dreadlocks, puis ils comprennent le message et ils deviennent vertueux.

LA VERTU NE PEUT QUE TRIOMPHER.

Imprimé en Espagne
Dépôt légal : mai 2011
N° d'impression: 01
ISBN : 978-2-7499-1458-9